PROTESTATION

CONTRE LES EXCITATIONS PUBLIQUES DE LA PRESSE CLÉRICALE

A DÉTERMINER, STIPENDIER, EXALTER UNE

GUERRE DE RELIGION

EN VIOLATION DES DROITS ET DE L'UNITÉ D'UNE NATION!

PRIX : 50 CENTIMES

PARIS

L. P. RICHE-GARDON, AUTEUR-ÉDITEUR

Au bureau du journal-revue *la Renaissance de l'éducation
publique et privée,*

5, rue de la Banque, à droite dans le passage, au 2ᵉ sur l'entresol.

OCTOBRE 1867

A LA MÉMOIRE

DES

VICTIMES DE L'INQUISITION ROMAINE

COMPTÉES PAR MILLIONS!

APPEL A LA DIGNITÉ

DE TOUS LES AMIS DE LA LIBERTÉ DE CONSCIENCE

ET DES CULTES

COMME DE LA PAIX DU MONDE

PROTESTATION

CONTRE LES EXCITATIONS PUBLIQUES DE LA PRESSE CLÉRICALE

A DÉTERMINER, STIPENDIER, EXALTER UNE

GUERRE DE RELIGION

EN VIOLATION DES DROITS ET DE L'UNITÉ D'UNE NATION !

A TOUS LES ORGANES DE LA PRESSE PÉRIODIQUE EUROPÉENNE

Monsieur le Rédacteur en chef,

Les journaux dévoués au cléricalisme continuent de provoquer une *guerre de religion* contre la nation italienne ; ils appellent et inscrivent des souscriptions en faveur de cette guerre, qui serait soutenue par un ralliement de soldats mercenaires de tous pays !

A cet étrange abus de la liberté, nous venons opposer l'exercice légal de la nôtre, en voulant respecter la liberté de chaque religion, même de celle qui a besoin d'une nouvelle *guerre de religion* pour maintenir son influence.

Nous voulons respecter sa liberté *religieuse,* bien que par maints ouvrages nous ayons constaté :

Que les doctrines de l'Église romaine produisent depuis trop longtemps la subversion morale, signalée en tous lieux par ses effets.

N'ont-elles donc pas détruit le lien moral de la famille pour constituer leurs prêtres directeurs des foyers domestiques par les esprits féminins, puisque peu après leur première communion les quatre-vingt-quinze centièmes des jeunes gens qui ont reçu l'instruction de l'Église romaine rient des croyances de leur mère comme du scepticisme de leur père, et cela par suite de l'orgueil qui en résulte chez de jeunes intelligences disposées à se croire alors des êtres supérieurs, par la seule raison qu'ils protestent au nom de la raison et de la science contre la religion qui leur a été enseignée, religion qu'ils voient tout régir parmi nous?

Ces jeunes gens, bien à plaindre sans doute, s'abandonnent à la liberté divagante qui dissipe tout respect dans la famille et conduit au dédain de tous les devoirs sociaux.

Il en résulte que la société contemporaine reste partagée en un parti croissant d'esprits matérialistes qui, agissant par la même réaction, se moquent des esprits superstitieux voués au soutient de ce qui accomplit le renversement de l'ordre moral social, comme ils se moquent aujourd'hui de ceux qui affirment l'Éternel Dieu Créateur, car ils confondent les uns avec les autres.

Par suite de ce renversement de l'ordre moral, la ruse et l'audace se trouvent en tous lieux au service de la maxime : ÊTRE HABILE ET RÉUSSIR !

Aussi la défiance, la crainte, une inquiétude croissante, sont-elles le signe caractéristique de toutes les situations. L'état de l'industrie l'atteste assez hautement ! Et la cause première de ce mal immense est dans les doctrines de l'Église romaine !

C'est en faveur d'une religion qui cause une telle subversion sociale, malgré les bonnes intentions de ses prêtres, que l'on demande une

GUERRE DE RELIGION,

et qu'on y excite par tous les moyens ! Cela ne semble-t-il pas incroyable de nos jours ?

Il y a peu d'années que nous avons vainement adressé au Sénat une pétition imprimée sous ce titre :

Enquête touchant les effets de l'instruction catholique romaine sur l'éducation publique et privée.

Il nous sera donc permis de rappeler la nécessité de reprendre cette enquête et nous sommes tout dévoué aux efforts qui voudront bien y concourir.

Malgré l'action croissante du *péril social* (1), opiniâtrément dénoncé et soutenu avec un aveuglement qui est arrivé jusqu'à vouloir exalter les esprits en faveur d'une GUERRE DE RELIGION! malgré tout ce qu'on pourrait ajouter, encore une fois nous ne voulons pas contester le droit commun au parti clérical, mais nous considérons comme un devoir sacré pour tous les démocrates sérieux, d'user des droits équivalents pour défendre l'ordre moral social.

En présence de l'attitude prise par les organes de l'Église romaine, son clergé pourra-t-il continuer d'être salarié par l'État, lorsque la liberté des cultes fait partie de notre droit public? et serons-nous encore privés du droit d'accomplir librement le culte du déisme évangélique, seule doctrine prêchée par Jésus, continuateur de l'œuvre de Moïse, fondée sur les principes de l'ordre universel?

C'est au chef de l'État et aux législateurs qu'il appartient d'aviser en ceci.

Mais aux simples citoyens est échu le devoir de protester *sans cesse* contre les prétentions qui mettraient définitivement en péril l'ordre social comme les gouvernements les plus légitimes.

Faudrait-il rappeler ici les déclarations stigmatisantes prononcées contre le pouvoir temporel des papes de ce siècle même par Napoléon Ier? Il faudrait alors une brochure spéciale. Nous avons d'ailleurs satisfait à cette tâche dans la revue *la Liberté de penser*, d'août 1851.

Le parti clérical vient de réimprimer l'ouvrage de Saint-Albin qui calomnie les philosophes et les francs-maçons. Il

---

(1) Qualification itérativement donnée à la situation présente par M. Dupanloup, évêque d'Orléans, par un écrit récent intitulé : *Péril social.*

y ajoute un libelle petit format, de cent pages, publié sous le nom de M. l'évêque de Ségur, et où l'on épuise ce que l'imagination peut inventer de calomniateur contre les mêmes philosophes. Ce libelle est répandu *par milliers* dans le monde catholique romain, sous le titre attractif de *les Francs-Maçons*, au prix de 30 centimes; et sous ce titre c'est le rationalisme le plus rationnel qui est dénaturé et diffamé sans réserve, mais toujours avec la même habileté de langage.

Les circonstances présentent ne diront-elles pas enfin d'une manière efficace, à nos chers confrères de la presse démocratique et libérale, que le temps est passé de discuter les questions particulières avec les organes de l'Église romaine, mais que l'impérieux devoir du temps consiste désormais à leur poser, d'une manière permanente, cette unique question dont la solution répond à tout :

L'action cléricale ne s'exerce-t-elle pas de l'école aux conseils des gouvernements, comme la cause des subversions morales et sociales qui réalisent la dégradation des individus et la décadence des nations ?

Il faut enfin que la lumière se fasse sur cette question posée déjà solennellement par des publications émanées du groupe de *la Renaissance*.

La publicité et le caractère d'une revue philosophique ne sauraient satisfaire à cette tâche si la presse politique n'y vient en aide, et jusqu'ici elle ne l'a pas fait à ce degré.

Nous sommes prêts à soutenir cette thèse dans toute publication et toujours par la sanction indéniable du déisme naturel ou scientifique.

Tout zélateur de l'ordre moral social, pourra-t-il se dispenser désormais de prononcer en s'éveillant le cri stigmatiseur de l'action cléricale adressé par Voltaire à tous les esprits philosophiques ?

La statue que l'on va élever à la mémoire de Voltaire rappellera ce devoir à tous : surtout si chacun de nous veut bien placer en tête de sa couche de repos quotidien la photographie de cette statue portant au bas le cri ci-dessus rappelé, en y ajoutant cette autre parole du même philosophe inscrite dans son *Dictionnaire philosophique* :

« La morale vient de Dieu comme la lumière vient du soleil ! »

Recevez, messieurs et chers confrères, nos cordiales salutations.

L. P. Riche-Gardon,

Rédacteur gérant-fondateur du journal *la Renaissance de l'Education publique et privée*. Paris, 5, rue de la Banque.

Par protestation contre la *guerre de religion* provoquée avec tant d'opiniâtreté par les organes du cléricalisme en vue de nier au peuple italien son unité nationale et ses droits d'indépendance, nous proposons aux amis de l'ordre moral universel et social d'adopter, pour épingle de cravate et de fichu, une broche qui portera tout simplement cette ligne, extraite d'une géographie bien antérieure à l'année 1859 :

L'ITALIE

CAPITALE

ROME.

Un bijoutier de Paris vient de se charger d'en fabriquer pour notre compte, et il en remettra au prix de revient à quiconque voudra satisfaire au devoir d'honneur de protester d'une manière *permanente* contre les provocations à la *guerre de religion*, en vue d'entretenir des perturbations funestes au sein d'une nationalité renaissante de par la loi du progrès providentiel, destructive, il est vrai, des prétentions de l'Église romaine !

LES LUMIÈRES DE QUELQUES CONGRÈS.

—

CONGRÈS DE MALINES

OU CONGRÈS DES CATHOLIQUES ROMAINS DE TOUS PAYS.

L'enseignement essentiel offert par ce congrès se trouve bien résumé dans les deux discours de MM. les évêques Dupanloup (d'Orléans) et Deschamps (de Namur).

Tout en déclarant n'avoir pu porter la parole dans son diocèse depuis deux années par excès de fatigue, M. l'évêque d'Orléans a prononcé un long et très-éloquent discours (il n'en peut faire d'autres), et il y a relevé et apprécié toutes les questions relatives au congrès, s'élevant parfois à une hauteur d'aperçus où il est contraint d'adhérer indirectement au déisme naturel, comme son collègue Deschamps, on va le voir, y a explicitement donné raison. Ces grands orateurs catholiques modernes sont donc fatalement entraînés à produire, avec beaucoup d'art et les plus beaux accents de l'âme, un tissu de contradictions radicales : cela depuis Lacordaire jusqu'à M. Dupanloup. Le seul Lamennais resta le véritable apôtre philosophe de la Religion, parce qu'il sut se retirer de tout ce qui met l'homme à la place de Dieu. Et il le fit au nom de Moïse et de Jésus comme des vrais philosophes de l'Inde, de l'Égypte, de la Grèce et de la Rome païenne.

Lamennais reste donc, répétons-le aujourd'hui, le continuateur des Fénelon, des Bernardin de Saint-Pierre, des théophilanthropes; et le groupe relié par *la Renaissance* ne fait que développer cette œuvre par une application plus complète et plus pratique des sciences naturelles, physiques, intellectuelles et morales : c'est le devoir de la Gérance de le rappeler comme un hommage dû à tous ses collaborateurs et adhérents.

Revenons à M. l'évêque d'Orléans, non pour faire ressortir ses contradictions assez sensibles, mais pour constater son impuissance doctrinale relativement au mal général qu'il a trop justement qualifié, dans un célèbre écrit, de *péril social!*

Après avoir rappelé *ce péril social*, en constatant que *l'on attaque tout ce qui fait le fondement des sociétés humaines*, l'évêque d'Orléans a dit :

« *ON NOUS FAIT LA PART BELLE, puisqu'on attaque tout...*
Aussi la lutte est sérieuse (a-t-il répété nombre de fois), *car elle révèle*

la lutte générale des âmes...; parce que ce n'est pas seulement la lutte la plus radicale qu'on ait peut-être jamais vue, mais aussi parce que jamais le mal, peut-être, n'a eu d'aussi puissants moyens d'action. »

Ce qu'il y a de vrai dans ce rappel du mal et du *péril social* justifie la sollicitude d'un évêque et dicte le respect. Car en présence d'une démocratie qui agit en dehors des principes naturels ou divins de l'ordre moral, les agents cléricaux, inspirés par le seul intérêt de parti, disent ailleurs : « Poussez à l'exagération de la liberté, à l'exaltation du matérialisme : c'est tout au bénéfice du développement de la puissance cléricale. »

Nous sommes donc fort touchés de la sollicitude sincère de plusieurs évêques, dignes de parler au nom de la religion naturelle, seule complétement divine; dès lors nous devons relever très-sérieusement cette déclaration solennelle faite au congrès de Malines par M. l'évêque d'Orléans :

« *C'est à nous chrétiens* qu'on réserve la gloire, qu'appartient l'honneur *de tout défendre* contre les ennemis les plus *violents*, et, il faut le dire, les plus absurdes qui furent jamais. »

A ce langage nous répondons avec une douloureuse et manifeste conviction : « Hélas ! non, vous ne pouvez rien *défendre* efficacement, car c'est votre persistance à enseigner ce que la raison repousse qui a engendré par réaction absolue ces prétentions *absurdes*, comme vous le dites, et devenues de plus en plus générales, qui font que, bientôt après vos premières communions, les fils les mieux élevés dans les familles catholiques les plus éclairées, et quatre-vingt-quinze sur cent, se rient de la religion de leurs mères, car leurs pères y croient peu ; et cette jeunesse apporte dans toutes les régions de l'ordre social cet esprit de dédain de la morale comme de la religion-principe, cet esprit de prétention orgueilleuse qui croit tout savoir parce qu'il se sent le mérite de protester contre ce qui est indigne de Dieu, et ce qui, dès lors, fait douter de Dieu même, et pousse la jeunesse à se lancer dans tous les essors subversifs de l'individu comme de la collectivité.

Voilà pourquoi, malgré votre digne sollicitude, monsieur l'évêque, vous ne pouvez rien *défendre*; vous ne pouvez que compromettre davantage, hélas ! la situation faite par vos doctrines. Ne voyez-vous pas même sans cesse les pouvoirs civils défendre la justice contre les prétentions cléricales ?

Et n'est-ce pas notre douleur, à nous zélateurs de la renaissance morale et sociale, car n'êtes-vous pas constitués pour inspirer et faire réaliser l'ordre moral? ne possédez-vous pas toutes les ressources qui rendent cette tâche facile? Le pire des maux du temps, celui qui échappe à votre sollicitude, c'est que ceux qui sont appelés à être les guérisseurs de nos épidémies morales, en sont les générateurs à leur insu! comme au temps où Jésus signalait l'action des *princes des prêtres* en y attribuant le même funeste caractère, selon cette parole d'Isaïe : « La loi périra dans la bouche des prêtres et le conseil chez les anciens. »

Non, vous ne pouvez *défendre* l'ordre social *en péril*, malgré vos excellentes intentions ; vous ne le pouvez comme *chrétiens*, car vous n'êtes point chrétiens, vous êtes prélats de l'Église romaine. Et le pape Grégoire XVI, docte théologien s'il en fut, voulut bien dire à nous-même, avec toute bonté : « Tu ne seras jamais un catholique romain avec tes doctrines ; tu ne peux être qu'un chrétien, et c'est peu : il faut être catholique et soumis au saint-siége apostolique. »

Le chrétien étant celui qui se conforme aux préceptes fondamentaux de l'Évangile, en l'étudiant avec sa raison, selon le précepte même de l'apôtre Paul, vous n'êtes point chrétien, monsieur l'évêque, c'est un des plus doctes papes qui nous l'a déclaré de vive voix. Et sans doute un chrétien qui ne veut pas être plus chrétien que Jésus, qui dit avec son maître que « *toute la loi* est renfermée dans le commandement d'aimer Dieu par-dessus toutes choses et le prochain comme soi-même, » ce chrétien-là peut être un régénérateur s'il explique Dieu par les œuvres de Dieu seul, par celles de la nature physique, intellectuelle et morale, au lieu de mettre l'homme à la place de Dieu. Mais où sont ces vrais chrétiens? L'illustre Lamennais a échoué lui-même dans la sainte tâche de les produire !

Vous le savez donc mieux que nous, monsieur l'évêque, vous n'êtes pas chrétien ! En sortant de l'ordre naturel ou divin, dans le concile de Nicée, l'Église, romaine aujourd'hui, a été entraînée à son insu dans un néo-paganisme dont les conséquences sont allées jusqu'à l'Inquisition et aux casuistiques des Jésuites !

Aussi les familles catholiques dont les fils à peine adolescents se rient de la religion de leur mère, les envoient-elles parfois à des déistes rationnels, dont le langage introduit aussitôt dans leur esprit la défiance de leurs jugements : ils reconnaissent qu'il y a un ordre universel, éternel et divin, par lequel nous vivons et dont tout dépend. C'est le principe de toute renaissance morale dans leur esprit.

En résumé, monsieur l'évêque, vous ne pouvez défendre efficacement les principes de l'ordre social, et les déistes manquent encore des moyens d'en répandre suffisamment la connaissance, parce que les surnaturalistes et les anti-déistes conjurent le silence contre eux.

Voilà pourquoi le mal se développe ; voilà pourquoi de toutes parts votre cri de *péril social* fait prévoir un cataclysme nouveau !

Et maintenant, c'est à l'éminent collègue de M. l'évêque d'Orléans, M. Deschamps, évêque de Namur, vénéré de l'épiscopat et du chef de l'Église romaine, que nous allons emprunter la sanction du déisme, que nous proposons aux évêques de l'ancienne Église gallicane, détruite par eux-mêmes !

M. l'évêque de Namur a dit au congrès de Malines (voir *l'Univers*, 10-11 septembre 1867) :

« La liberté de conscience est de ne relever que de Dieu !

« Seulement la conscience peut être dans la liberté ou dans la licence. Elle est dans la liberté si elle se meut dans la sphère de la loi et de l'autorité *légitime ;* elle est dans la licence si elle ne reconnaît ni loi ni autorité. »

L'autorité légitime en chose religieuse étant la loi d'ordre universel et providentiel, œuvre de Dieu seul, ceux qui sont dans la licence sont manifestement ceux qui mettent l'homme à la place de Dieu, soit sous les formes du matérialisme, soit sous celles du surnaturalisme. Le déisme naturel, expliquant Dieu par les seules œuvres de lui seul, est donc la doctrine acceptée par la lettre même comme par l'esprit du congrès catholique romain de Malines, qui a, de concert avec M. l'évêque d'Orléans, acclamé le discours de M. Deschamps, évêque de Namur. Et comme l'œuvre de ce congrès a été bénie par le chef actuel de l'Église romaine, Pie IX (dépêche du cardinal Antonelli adressée au congrès avant sa fermeture), messieurs les évêques voudront bien reconnaître que notre argumentation est des plus rationnelles, même au point de vue des esprits éminents de leur Église !... Puisse leur sollicitude pour *la défense de l'ordre moral, naturel et social,* dont ils proclament *le péril,* leur inspirer de prendre en considération le langage d'un groupe de déistes qui a fait ses preuves depuis vingt années avec toute modestie, et qui sent l'heure de sa propagande sonner à l'horloge des transformations providentielles des sociétés humaines.

Le Gérant.

(*La Renaissance*, numéro de septembre 1867.)

LE PÉRIL SOCIAL

Quoi qu'il arrive du *péril social* si hautement déclaré par MM. les évêques, tout se réduit à cette double hypothèse :

Ce péril peut être conjuré par une renaissance morale sociale, ou il doit faire subir une terrible épreuve à l'Occident.

Évidemment ce péril ne peut être conjuré que par un retour graduel des esprits à la loi morale naturelle universelle, principe de la création ; et le déisme *naturel*, scientifique et pratique, développement du progrès providentiel de la raison humaine, par le déisme de Moïse, Socrate, Jésus, Cicéron et l'Eglise des premiers siècles, ce déisme peut seul produire la lumière de renaissance pour l'éducation publique et privée ; seul il le peut au degré nécessaire pour prévenir et détourner le cataclysme prévu par les esprits les plus clairvoyants, parce que seul il est la loi morale, naturelle ou divine !...

Si, au contraire, *le péril* annoncé doit arriver à ses conséquences logiques par un cataclysme social plus ou moins général, qui donc pourra sauvegarder, dans ce bouleversement des éléments sociaux, le dépôt de lumière morale transmis aux générations présentes pour le féconder par le progrès des sciences ? N'est-ce pas encore évidemment le même déisme naturel ?

Où trouverons-nous une doctrine supérieure ?

Il nous sera permis d'ajouter que le groupe rallié par le journal-revue *Renaissance* est préparé pour ces deux éventualités, afin d'y être un des moyens sérieux de salut.

Son action vulgarisatrice commencera sans doute avant le retour du printemps : et les personnes qui en connaissent les éléments nourrissent la confiance de voir sa puissance d'unité, ralliant la variété et la fécondant par une liberté raisonnable, déterminer alors la renaissance morale et sociale par transformation et sauver ainsi l'Occident du cataclysme annoncé de toutes parts.

Telle est l'œuvre complémentaire de l'activité de ce groupe depuis quinze années : tel est le but suprême pour lequel il appelle tous les concours, et nul ne pourra contester qu'il n'en fut jamais de plus digne d'enthousiasmer les âmes d'élite !

L. P. R. G.

LE DÉISTE

RATIONNEL

ORGANE DU DÉISME NATUREL, SCIENTIFIQUE
ET PRATIQUE

APPLIQUÉ A TOUTES LES BRANCHES DE L'ACTIVITÉ HUMAINE
COMME INSPIRATEUR, GUIDE ET CRITÉRIUM DE L'ORDRE MORAL SOCIAL
PAR LA MORALE UNIVERSELLE

En vue de *la Renaissance*, de l'éducation publique par l'éducation privée,
tâche des mères, réalisant au sein des familles la culture morale
de l'épanouissement providentiel

> Tous les historiens philosophes finissent leurs récits par cette réflexion bien significative : Jusqu'ici l'arbitraire a dirigé les sociétés humaines !
>
> Le mal social est donc le produit de l'arbitraire humain chez tous les peuples !
>
> Pour dissiper ce mal et arriver aux conditions de l'odre moral et du bonheur, il faut renoncer à l'arbitraire théocratique, rationaliste ou matérialiste ; il faut s'inspirer enfin de l'ordre naturel, universel et providentiel, comme principe et sanction de toute éducation, de toute doctrine, de toute loi, de toute organisation, puisque cet ordre est le principe de la vie humaine !
>
> Avec l'avénement de l'âge viril de l'humanité, l'arbitraire humain doit finir, le règne de Dieu doit commencer par la renaissance, la liberté morale, la raison, le gouvernement de soi-même, qui doit réaliser enfin la vie humaine réelle !...

PUBLICATION TRIMESTRIELLE (3e année)

Suite des publications *la Vie humaine*, *l'Initiation*, *la Science des mères*,
la Renaissance de l'éducation publique par l'éducation privée

France : Un an, 7 fr. 50. — Étranger : le port en sus

Rédacteur-Gérant-Fondateur : **L. P. RICHE-GARDON**

5, RUE DE LA BANQUE, 5

PARIS

Le déisme, c'est l'affirmation de Dieu et de son ordre universel, constitutif de toutes les existences et manifesté à tous en actes de vie par la révélation *directe* de la nature physique, intellectuelle et morale, *œuvre de Dieu seul*, révélation qui est le critérium de toutes les révélations écrites !

Le déisme n'est donc point une doctrine nouvelle en elle-même, mais un simple rappel à l'essence même de la loi morale et de la religion. N'est-il pas le principe et le fondement, le critérium, le lien et la sanction de toutes les religions comme de toutes les philosophies véritables, quel que soit le culte public auquel on peut être attaché?

Hors du Déisme naturel il n'y a eu et il ne peut y avoir que l'anarchie intellectuelle et morale, le mal pour toutes les situations, Indra et les Arias en Asie, les Druides dans la Gaule, Misraïm en Egypte, Moïse, Pythagore et Socrate, Jésus et Cicéron, Bacon et Fénelon, Voltaire, Rousseau, Newton, et leurs émules, n'ont enseigné que le déisme avant même que la physiologie intégrale fût expliquée.

Proclamons donc partout le déisme naturel que Dieu appelle chacun à lire *par soi-même* dans le grand livre de la nature physique, intellectuelle et morale.

Le déisme naturel ne peut être craint que de ceux qui voudraient encore se mettre à la place de Dieu, en substituant leurs idéalisations arbitraires aux lois de l'ordre universel et providentiel.

Cette publication se forme des Rituels de l'œuvre, des écrits de tous genres qui les expliquent, les complètent ou qui réfutent les doctrines contraires, soit théologiques, surnaturalistes, soit matérialistes ou anti–déistes.

Cette publication ayant pour objet de constituer la bibliothèque spéciale des déistes rationnels, elle se formera des écrits spéciaux de ses collaborateurs, publiés en différents formats, les uns portatifs, les autres de bibliothèque.

Le journal *la Renaissance* de l'éducation publique par l'éducation privée est l'organe mensuel du *Déisme rationnel.* Il est du prix de 7 fr. 50 par an pour la France ; pour l'extérieur, le port en sus.

« Dieu, l'immortalité de l'âme et l'amour du prochain, voilà notre devise.

«De même qu'il y a un droit naturel qui est la source de toutes les lois positives, de même il y a une religion universelle qui renferme toutes les religions particulières du globe. C'est cette religion universelle que nous professons, et par conséquent nous accueillons tous ceux qui professent une religion particulière s'y rattachant. C'est cette religion universelle que le Gouvernement professe quand il proclame la liberté des cultes. Dire que nous sommes sans religion parce que nous en professons une qui les embrasse toutes, ce serait dire que tel homme nie la loi parce qu'il reconnaît un droit naturel, suprême, immuable, d'où émanent les législations de tous les temps et de tous les lieux. »

UN PRINCE, en 1856.

4926 — Paris, imp. de Jouaust, rue Saint-Honoré, 338.

Comme vous, cher gérant, j'espère un progrès pour nos doctrines de bon sens et de bon cœur, malgré la fâcheuse entente et le talent tranchant des deux doctrines contraires, cléricalisme et athéisme, qui s'engendrent et se poussent l'une l'autre, et qui achèveraient, soit l'une soit l'autre, soit l'une et l'autre, de faire de nous le dernier des peuples, de l'homme la dernière des brutes.

L'humanité semble vouloir, de gaieté de cœur, perdre ses titres; mourons, s'il le faut, pour les lui maintenir.

H. JÔNAIN.

Royan (Charente-Inférieure).

LA
RENAISSANCE

DE L'ÉDUCATION PUBLIQUE ET PRIVÉE

REVUE DU PROGRÈS MORAL ET SOCIAL

Exposant aussi les travaux de tous genres et les récréations artistiques de la

CHEVALERIE INTERNATIONALE

DE **L'INITIATION** ANCIENNE ET MODERNE

à l'ordre moral universel et social

Tâche spéciale

Constituer, rallier pratiquement et développer partout les éléments qui doivent être *le sel de la terre sociale,* en vue d'une civilisation d'harmonie ou de progrès moral permanent.

Multiplier les groupes qui préparent *les conditions* de la confiance, de la sécurité, du bien-être pour tous par l'action prépondérante des plus nobles facultés et le bénéfice des jouissances supérieures.

Pour arriver à ce résultat, il faut tout simplement *la volonté* de se mettre, avec une cordialité raisonnée et persévérante, EN TRAVERS DU COURANT qui pousse dans une civilisation à rebours par l'éducation, l'instruction, la littérature, la presse, les théâtres, les mœurs, les modes, les plaisirs, etc., tous pratiqués dans le vague de l'arbitraire, ce qui produit en ordre croissant : défiance, ruse exploitatrice, inquiétude, gêne, liberté divagante, agitation fébrile dans le trouble par le besoin de s'étourdir sur les situations !

Et pour critérium ou sanction de cette tâche, nous invoquons le seul dogme *naturel* qui est le fond de toutes les religions et de toutes les philosophies, l'*Éternel-Dieu-Créateur et Père,* l'immortalité des âmes humaines, l'amour du prochain et la fraternité universelle, expliqués irréfutablement aux raisons les plus exigeantes par la seule nature physique, intellectuelle et morale, œuvre de Dieu seul, par l'unité universelle ralliant la variété infinie, et par l'attraction universelle, loi des destinées, dont la loi secondaire de série distribue les harmonies pour le bonheur des créatures et la glorification de l'Éternel.

Répondez à notre appel, vous toutes et tous qui aspirez aux conditions *pratiques* de l'harmonie. Venez consulter les Rituels de nos exercices : ils sont *prêtés* à toute personne de bonne volonté; venez demander toute explication les jeudis, de 7 heures et demie à 9 heures du soir, au bureau de l'Œuvre, vous y serez les bienvenus. Le Gérant.

XIIIe ANNÉE — Suite du journal-revue LA VIE HUMAINE

PARIS

BUREAUX ET LIBRAIRIE DE *LA RENAISSANCE*

Rue de la Banque, n° 5, à droite dans le passage, au 3^e

France, un an, **7 fr. 50**. Extérieur, le port en sus.